ENRY par la grace de
Dieu Roy de France
& de Nauarre. A tous
ceux qui ces presen-
tes lettres verront, Sa-
lut : La communica-
tion que nous auons voulu donner à
noz suiects de l'Estat general de noz
affaires : & pour laquelle nous auons
nagueres faicte ceste conuocation
en nostre ville de Rouen, des princi-
paux & plus notables de tous les ordres de ce Royaume : N'a pas plus
esté pour pouruoir aux necessitez
auec lesquelles nous auons vescu de-
puis nostre aduenemét à ceste Cou-
ronne, & pour rechercher de nou-
ueaux moyens pour fournir à tant
de despences extraordinaires que

nous auons à supporter pour la con-
seruatiõ de l'Estat, cõbien que ce soit
chose si necessaire que sans cela il ne
puisse subsister , que pour pouruoir
au soulagemét de nostre pauure peu-
ple, les miseres & oppressions duquel
nous ont tousiours autát ou pl⁹ tou-
ché au cœur que nos propres dou-
leurs, & desirant qu'il soit non seule-
mét pourueu à la descharge de ceux
qui ont à no⁹ payer nos Tailles & autres redeuáces : Mais aussi à faire que
ceux qui ont à receuoir de nous les
gaiges & rentes que nous leur de-
uons , en soient d'oresnauant mieux
payez qu'ils ne l'ont peu estre par le
passé. Pour ceste occasiõ, apres qu'il
a esté clairement recogneu en ladite
assemblee quel estoit le fonds de
toutes noz finances, tant ordinaires
qu'extraordinaires : Nous auons
mieux aymé nous cõtenter de pren-

dre moins sur icelles, tant pour toutes les despences de l'Estat, que de
nostre maison, & autres que nous a-
uós a porter, afin qu'il en demeurast
pour ce que monte le payement en-
tier de toutes lesdites charges, comme il a esté faict : & le fonds delaissé
dans nos Receptes ou sur les Gabelles & subcides que nous faisons le-
uer de ce que monte lesdites charges. Et encores afin de deliurer ceux
qui ont à les receuoir, de l'apprehé-
sion qu'ils eussent peu auoir, que lesdits deniers estans confus auec ceux
qui sont retenuz pour nos susdites
despences, suruenans quelque despé-
ce extraordinaire, comme il en arri-
ue souuent, nous feussions cótraints
de nous en seruir à la diminution de
leurdit payement. Nous auons voulu que les assignations de ce qu'il
faut pour nos susdites despéces feus-

sent dés le commancement distrai-
tes de celles qui estoient reseruees
pour lesdites charges , & qu'il s'en
feist vn maniment separé , afin qu'il
n'y eust point de confusion entre
lesdites despences, & qu'en chacune
feust reseruee ce qui luy en auoit esté
ordonné par ledit departemēt. Mais
d'autant qu'à l'occasion des abuz &
desordres qui se sont introduits en
toutes choses , mesmes au recouurement & perception de nos deniers,
il est requis d'apporter vn grand
soing & vigillance pour faire valoir
les assignations qui sont sur nosdits
deniers pour lesdites charges, & que
il est aussi necessaire d'establir vn bō
ordre, à ce que lesdits deniers desti-
nez pour icelles soyent esgallement
departiz sans aucune faueur ou grace particuliere: Comme pareillemēt
par ce qu'il n'y a autre meilleur moié

de soulager nos subiets des grandes
charges qu'ils portent, que de faire
valloir & augmenter par bon mes-
nage la recepte de noz reuenuz, &
pour nous descharger des despéces
que la reduction des grands gaiges
& rétes dont nous nous trouuerons
redeuables, ce qui desire aussi vne
exacte perquisition & labourieuse
recherche: Et ce faict estant vn des
plus serieux & importás affaires que
nous ayons à examiner & resoudre,
& qui merite pour ceste occasion
estre traicté auec vne grãde assidui-
té, & par des personnes d'auctorité,
qui ayent bonne intelligence des affaires de ce Royaume, & qui portét
en cela toute leur affection & in-
dustrie: Cela ne se pouuant faire en
nostre Conseil, que nous tenós pres
de nous, pour estre obligé à nostre
suitte, & ordinairement diuerty

& occupé à autres grands & impor-
tãs affaires, de sorte qu'il n'y pourroit
rendre la subiection & residéce qui
y seroit necessaire. NOVS auons aduisé de faire & establir à cest effect
vn Conseil particulier , composé
d'vn bon nombre de grands & notables personnages , tant de nostre
Conseil que autres , pour y vacquer
assiduellement, & sans aucune inter-
ruption ou diuertissement. A CES
CAVSES, de l'aduis de nostredict
Conseil, & mesmes de ceux de ladite
assemblee conuoquee en nostredite
ville de Rouen. AVONS FAICT
& estably vn Conseil particulier,
pour resider en ceste nostre ville de
Paris, & lequel nous auons composé
des personnes de nostre cher & bien
amé cousin le Cardinal de Gondy,
que nous entendons y presider , de
amez & feaux Conseillers en nostre

Conseil d'Estat : Maistre Achilles
de Harlay premier President de nostre Cour de Parlement , les Sieurs
d'Estrées Cheualier de noz Ordres,
& nostre Lieutenât general au Gou-
uernement de nostre bonne ville de
Paris , & Isle de France , de Ram-
bouiller, aussi Cheualier de noz Ordres , Capitaine de l'vne des com-
pagnies des cent Gentilshommes de
nostre Maison : Maistre Anthoine
Nicolai, premier Presidêt en nostre
Chambre des Comptes: Iean Chan-
don , premier President en nostre
Cour des Aydes : & Iacques de la
Guesle sieur de Loreau, nostre Pro-
cureur General en nostredicte Cour
de Parlement: Et noz amez & feaux
Conseillers, Maistres des Requestes
ordinaires de nostre hostel: Maistres
Hector de Merle, & Martin l'An-
gloix, Preuost des Marchâds de no-

ſtre bonne villɇ de ᴘaris, Maiſtres
le Coigneux, & Raoul Fe-
ron, Maiſtres ordinaires en noſtre
Chambre des Comptes: & Maiſtre
Nicolas le Beauclerc, cy deuant General des Finances en la Prouince
de Paris, leſquels nous auons tous
cómis pour vacquer ordinairement
audiƈt Conſeil. Auquel auſſi nous
voulós que tous les autres Preſidens
tant de noſtredicte Cour de Parlement, Chambre de noz Comptes,
que Cour des Aydes, les quatre Eſ-
cheuins de noſtredicte bonne ville
de Paris, ſeruiront chacun vn moys
par tour, & l'vn apres l'autre: Comme auſſi pour faire toutes les depeſ-
ches & expeditions qui ſeront or-
donnees audiƈt Conſeil, & en tenir
Regiſtre: Nous voulons que les quatre Secretaires de noſtrediƈt Conſeil
d'Eſtat & de noz Finances, y ſeruent
par

par quartier, les vns apres les autres.
Ayans faict eslection des dessusdits,
comme ceux en qui se retrouuent
toutes les parties requises & neces-
saires, tant pour la dignité & qualité
de leurs personnes, que pour l'intelligence des affaires qu'ils ont à trai-
cter, & la bonne affection qu'ils ont
à nostre seruice, & au bien public,
pour par eux tenir ledit Conseil aux
lieux, iours & heures qu'il sera par
eux aduisé en cestedite ville de Paris, & s'estant faict representer l'estat
du fōds qui est delaissé pour le payement des charges par nous deuës,
pouruoir à ce que les deniers s'en
puissent promptement receuoir, &
aux moindres fraiz que faire ce
pourra, faire cesser tous les empes-
chemens & difficultez qui se pour-
roient trouuer audit recouurement:
Ordonner de la distribution desdits

deniers, tant pour les gages d'Officiers, payement des Rentes, que autres charges, pour lesquelles a esté
faict ledict fonds, en sorte que ce ne
soit pas vne grace ou gratification
particuliere, & qu'il n'y ayt lieu de
plaincte raisonnable par ceux qui y
aurōt interest, faire payer les debtes
qui serōt par no⁹ recogneuës, & qui
deurōt estre acquittees du fonds qui
est delaissé, pour icelles procedder à
la reductiō des gaiges des Officiers,
selon qu'il est ordonné par l'Edict
faict sur le Cahier de ladicte assemblee n'agueres tenuë en nostredicte
ville de Rouen, & pareillement ve-
rifier la nature & qualité des Rentes
par nous deuës, pour esclarcir si el-
les sont bien & legitimement con-
stituees, ou non: Cōsiderer aussi tous
les moyens qu'ils estimeront bons
& propres pour faire valloir par

bon mefnage , & augmenter la recepte de noz reuenuz:& à ceſt effect
voir exactement le faict de noz Do-
maines, Aydes, Gabelles, Fermes &
Impoſitions: Les alliénations qui en
ont eſté cy deuant faictes , ſi c'a eſté
par les formes , & pour les effects
contenuz aux Edicts deſdictes ven-
tes & alienations : Ordonner de celles qui ſe trouueront auoir eſté mal-
faictes, & depoſſeder les acquereurs
ſi faire ce doibt. Procedder à la ven-
te & reuente dudit Domaine & Aydes , ſelon qu'il eſt porté par ledict
Edict faict ſur le Cahier de ladicte
aſſemblee de Rouen , & faire em-
ployer les deniers au rachapt des
Rentes , reduction ou ſuppreſſion
des Officiers , ſelon qu'ils iugeront
eſtre du bien de noſtre ſeruice , faire
nouuelles proclamations & adiudi-
cations de tous noz reuenuz , Fer-

mes & Gabelles, s'ils se trouuent n'e-
stre baillez à vn iuste prix, & qu'il y
ayt eu lezion notable : reuoir les ra-
baiz & diminutions qui ont esté
donnez sur fauses causes : códamner
ceux qui les ont obtenuz à la restitu-
tion des deniers, & aux amendes s'il
y eschet, comme de tout le faict de-
pendant de ladicte Commission, en
iuger souuerainement au nombre
de sept en l'absence des autres, ainsi
qu'ils verront se deuoir faire par rai-
son : & suyuant les instructions par-
ticulieres qu'ils en auront de nous.
MANDONS à tous les Officiers de
noz Finances qu'ils ayent à obeyr &
respondre à tout ce qui leur sera ordonné par ledit Conseil : Comme à
tous noz Officiers qu'ils ayent pareillement à les assister, & executer
les Mandemens, Ordonnances, &
Arrests dudit Conseil, que nous vou-

lons auoir le mesme effect, force &
vertu, comme s'ils estoient de nous,
& de nostredict Conseil d'Estat. De
ce faire auons audict Conseil donné
& donnons plain pouuoir, puissan-
ce, auctorité, commission & mande-
ment special, Car tel est nostre plai-
sir. Donné à Paris, le vingt & vnies-
me iour de May, l'an de grace mil
cinq cens quatre-vingts dixsept, &
de nostre regne le huictiesme.

Signé,   HENRY.

Et sur le reply par le ROY, estant
en son Conseil,   FORGET.

Et seellees sur double queuë du grãd
Seel de cire jaulne.

Collationné à l'Original par moy Conseiller du Roy, &
Secretaire de son Conseil d'Estat, & des Finances.

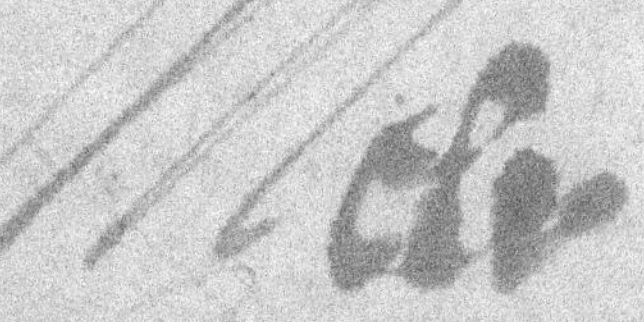